NATIONAL
GEOGRAPHIC
KiDS

Bizarre mais vrai!

LE CANADA

Vêtus d'un **maillot de bain** ou **déguisés,** des milliers de baigneurs vont parcourir 100 mètres (328 pi) dans **l'eau**

glacée

pour célébrer le Nouvel An.
Le bain hivernal de Vancouver
est le plus ancien au pays.

Il y a plus de

350 épaves de navires

dans les bas-fonds de l'île de Sable, en Nouvelle-Écosse. On surnomme cet endroit le

« cimetière de l'Atlantique ».

Au Québec, il y a quatre « **lacs au Lapin** » et trois « **lacs du Lapin** ».

ON TROUVE, SUR LES CÔTES DE L'ATLANTIQUE NORD ET DU PACIFIQUE NORD, UNE ALGUE QUI A UN GOÛT DE BACON.

7

La ville de Vancouver organise chaque année, au profit d'organismes de bienfaisance, une **PROMENADE CYCLISTE** dont les participants portent des **VÊTEMENTS EN TWEED.**

Le maire de Montréal a demandé à la ville de Paris de lui prêter la

TOUR EIFFEL

pour l'Expo universelle de 1967.

(La France a refusé.)

Les résidents de Winnipeg, au Manitoba, **boivent plus de barbotines** par année que les gens de n'importe quelle autre région du monde.

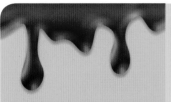

Le Québec produit plus de 70 % **du sirop d'érable** vendu dans le monde.

LES INUITS ONT FABRIQUÉ LES PREMIERS PARKAS AVEC DES PEAUX DE CARIBOU ET DE PHOQUE.

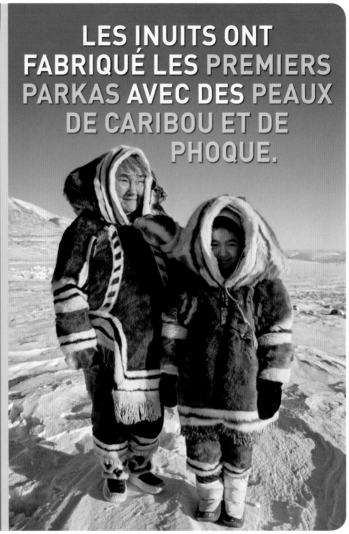

SUR LES ROUTES DE GLACE,

les camionneurs doivent absolument respecter les limites de vitesse pour éviter que la glace ne cède. Ils circulent parfois à seulement **15 KILOMÈTRES À L'HEURE.**

C'est dans les Territoires du Nord-Ouest qu'on trouve **LA PLUS LONGUE ROUTE DE GLACE AU MONDE. LA GLACE EST SI ÉPAISSE** que des camions de 64 tonnes peuvent y circuler.

Un **orignal** peut **nager** sur une distance de **20 kilomètres** sans s'arrêter.

Le pont suspendu de Capilano, près de Vancouver, pourrait supporter le poids de

96 éléphants.

Des scientifiques ont découvert au Québec un cratère plus long que le Grand Canyon.

Dans un parc de Malakwa, en Colombie-Britannique, plus de 350 figurines (FÉES, DRAGONS, PIRATES ET NAINS) se cachent parmi des ARBRES ÂGÉS DE 800 ANS.

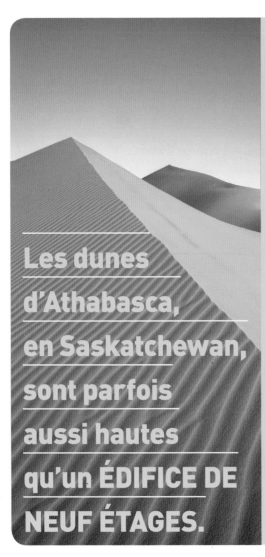

Les dunes d'Athabasca, en Saskatchewan, sont parfois aussi hautes qu'un ÉDIFICE DE NEUF ÉTAGES.

Des scientifiques ont découvert **DE L'EAU VIEILLE DE DEUX MILLIARDS D'ANNÉES** dans une mine canadienne. Ce serait l'eau **LA PLUS VIEILLE DU MONDE.**

Les ourses polaires donnent généralement naissance à des

jumeaux.

À Watson Lake, au Yukon, on compte PLUS DE 77 000 PANNEAUX INDICATEURS laissés par les visiteurs au fil des ans. C'est une VÉRITABLE FORÊT!

UN JOUEUR DE CORNEMUSE A JOUÉ UN AIR TOUS LES MIDIS PENDANT 72 ANS DANS UN MAGASIN DE MONTRÉAL.

Dans la ville de **Macklin, en Saskatchewan,** il y a une sculpture de 9,7 m de haut qui représente **L'OS DE LA CHEVILLE D'UN CHEVAL.**

Une **UNIVERSITÉ** de la Nouvelle-Écosse a aménagé une salle de repos remplie de **CHIOTS,** où les étudiants peuvent se relaxer avant les examens.

Seulement deux pièces en **ARGENT DE UN DOLLAR** ont été frappées en **1911.** Aujourd'hui, elles valent chacune plus de **UN MILLION DE DOLLARS.**

17

Chaque année, à Banff, en Alberta, des skieurs qui n'ont pas froid aux yeux s'affrontent dans **une compétition bien particulière :** ils s'élancent sur une piste et essaient de traverser un grand bassin rempli de neige mouillée.

Ils peuvent aussi gagner un prix pour **le meilleur costume** ou pour **la chute la plus spectaculaire!**

19

Jusqu'en 2009, **crier,** siffler, **chanter,** ou **hululer** était interdit par la loi à Petrolia, en Ontario.

À TORONTO, dans la **TOUR CN,** on peut se promener sur la terrasse du 107ᵉ étage — **C'EST LA PROMENADE EXTÉRIEURE LA PLUS HAUTE DU MONDE.**

A. A. Milne s'est inspiré d'une **oursonne noire** de Winnipeg, au Manitoba, pour créer Winnie l'Ourson.

En 1945, la famille royale
des Pays-Bas a envoyé

100 000 tulipes

au Canada pour remercier le pays
d'avoir abrité sa princesse pendant la
Deuxième Guerre mondiale.

L'île de Vancouver organise
UNE COURSE dans laquelle les participants
doivent ramer 60 km **bien assis**
DANS UNE BAIGNOIRE.

Les habitants de Churchill, au Manitoba, laissent les portières de leur voiture **déverrouillées** au cas où un passant aurait à se mettre **à l'abri d'un ours polaire.**

La bernache du Canada produit environ **1,3 kg** (2,9 lb) d'excréments par jour.

23

Une beignerie canadienne a déjà confectionné un beigne recouvert de SAUCE PIQUANTE et de CROUSTILLES DE MAÏS.

Le lynx du Canada enfouit sa nourriture dans la neige afin de la conserver pour plus tard.

Tous les printemps, les résidents de Victoria, en Colombie-Britannique, **COMPTENT TOUTES LES FLEURS** qu'ils peuvent trouver; le record est de près de **26 MILLIARDS.**

On a pêché des homards d'un **bleu éclatant** au large des côtes des provinces atlantiques. Ils sont très rares : seulement **UN HOMARD SUR DEUX MILLIONS** est bleu.

25

Il y a tellement de **calcaire** dans le lac Little Limestone, au Manitoba, que l'eau **change de couleur** selon la température.

Un Canadien surnommé **« Pete le furieux »** détient trois records du monde pour avoir avalé **le plus de hamburgers en une minute,** englouti le plus rapidement un bol de pâtes et mangé le plus rapidement **un hot dog sans les mains.**

JUSQU'EN 2008, LES CANETTES ET LES BOUTEILLES EN PLASTIQUE ÉTAIENT INTERDITES SUR L'ÎLE-DU-PRINCE-ÉDOUARD; SEULES LES BOUTEILLES EN VERRE ÉTAIENT PERMISES.

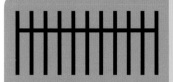

LA PLUS VIEILLE ET PLUS PETITE PRISON DE

L'AMÉRIQUE DU NORD SE TROUVE À RODNEY, EN ONTARIO : ELLE N'EST PAS PLUS GRANDE QU'UN SALON.

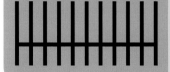

ONZE DANSEURS CANADIENS DÉTIENNENT UN RECORD POUR AVOIR DANSÉ LE **BREAKDANCE** SANS INTERRUPTION PENDANT **24 JOURS.**

Plus de deux douzaines d'automobiles sont « STATIONNÉES » au fond de l'eau près du port d'Halifax, en Nouvelle-Écosse... Elles sont TOMBÉES par accident d'un porte-conteneurs.

Des **chèvres** broutent de l'herbe sur le toit du marché de campagne de Coombs, en Colombie-Britannique.

Jusqu'en 1995, les fabricants de margarine n'avaient **pas le droit** d'ajouter du colorant **jaune** dans leur produit, pour qu'on ne le confonde pas avec du beurre.

Chacun des joueurs **de l'équipe de hockey qui gagne la Coupe Stanley** a le droit de passer une journée avec le trophée; un des joueurs en a déjà fait **un bol de crème glacée géant.**

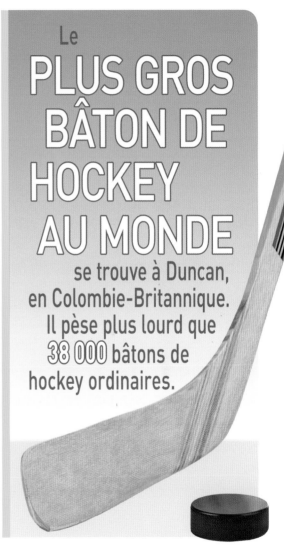

Le

PLUS GROS BÂTON DE HOCKEY AU MONDE

se trouve à Duncan, en Colombie-Britannique. Il pèse plus lourd que **38 000** bâtons de hockey ordinaires.

À Whistler, en Colombie-Britannique, les passagers les plus braves peuvent passer d'une station de ski à une autre à bord de

TÉLÉCABINES À PLANCHER DE VERRE

circulant à plus de

436 MÈTRES

au-dessus du sol.

PEAK 2 PEAK

WHISTLER BLACKCOMB

La plus grande mine
de diamants du Canada est
exploitée depuis 2003.
Les mineurs ont extrait

20 TONNES
(100 millions de carats)

de ces **PIERRES
PRÉCIEUSES**
à ce jour.

LE PREMIER BREVET AMÉRICAIN POUR UNE FRIANDISE CONTENANT DU **BEURRE D'ARACHIDE** A ÉTÉ DÉPOSÉ PAR UN CANADIEN.

LES DENTS DES CASTORS SONT ORANGE VIF.

34

Environ un millier d'ours polaires passent l'hiver dans le parc national Wapusk, au Manitoba. C'est **l'un des seuls endroits au monde** où les visiteurs peuvent observer des oursons.

LE PLUS GROS HOMARD

du monde a été pêché au large de la Nouvelle-Écosse. Il pesait **20 KILOGRAMMES** (44 lb), c'est-à-dire autant que **32 BALLONS DE BASKETBALL!**

Le lieu habité le plus au nord de la planète est la **station Alert** des Forces canadiennes, au Nunavut, à seulement **834** kilomètres du pôle Nord.

Tous les ans, un des lacs du parc national Jasper, en Alberta, se remplit de l'eau de fonte des glaciers environnants, puis **se vide comme une baignoire** par des **cavités** dans son lit.

Certaines municipalités utilisent du **JUS DE BETTERAVE** pour faire fondre la glace sur les routes durant l'hiver.

La musaraigne de Bendire peut **marcher sur l'eau** grâce à de minuscules bulles situées sous ses **pattes.**

À TERRE-NEUVE, ON SE RÉGALE DE LANGUES DE MORUE ET DE MUSEAUX D'ORIGNAL MARINÉS.

Dans un spa de Nanaimo, en Colombie-Britannique, tu peux demander une **exfoliation des pieds au sucre et au chocolat.**

En 2008, le trophée de la Ligue canadienne de hockey

S'EST CASSÉ EN DEUX

juste au moment où l'équipe championne l'a reçu.

39

L'astronaute
Gregory Chamitoff
a apporté des
**BAGELS DE
MONTRÉAL**
à bord de la
**STATION SPATIALE
INTERNATIONALE.**

Les
baleines boréales
peuvent vivre
plus de
**200
ans.**

À Churchill, au Manitoba, on peut observer **les aurores boréales** en s'asseyant dans une bulle transparente chauffée.

Chaque année, en Nouvelle-Écosse, on organise des **régates de citrouilles géantes.** Les concurrents doivent traverser un lac à bord de leur « embarcation » aussi grosse qu'une baignoire.

La pizza hawaïenne (garnie de jambon et d'ananas) a été inventée à **Chatham, en Ontario.**

Cela prendrait 33 ans pour longer à pied le littoral du Canada, qui est le plus long au monde.

Les joueurs de SOCCER-BULLE doivent enfiler

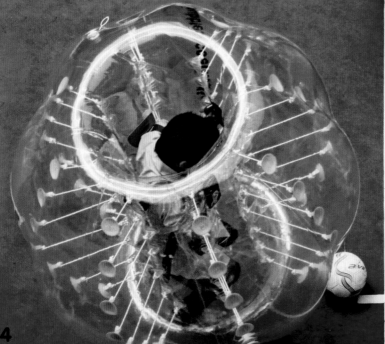

des **BULLES GONFLABLES** GÉANTES

par-dessus leurs vêtements.

45

EN 2007, DES MEMBRES DU GOUVERNEMENT AMÉRICAIN ONT CRU À TORT QUE LES PIÈCES DE 25 CENTS DE LA SÉRIE COQUELICOT SERVAIENT **À ESPIONNER.**

LE HOCKEY SUBAQUATIQUE

est joué au fond d'une piscine. Les joueurs portent des palmes, un masque et un tuba, et ils

FRAPPENT LA RONDELLE

à l'aide d'un petit bâton.

Les chutes Della, en Colombie-Britannique, sont presque aussi **HAUTES** que la Tour CN de Toronto.

Environ **un million** de **cannes de bonbon** sont fabriquées **chaque jour** à Hamilton, en Ontario.

Terry Fox, originaire de la Colombie-Britannique, **A COURU 5 733 KM** (3 562 mi) en 143 jours (à peu près l'équivalent d'un marathon par jour) avec une **JAMBE ARTIFICIELLE.**

Le nom de lieu le plus long

lac Pekwachna

au Manitoba. Ce mot veut dire

Pendant le Festival du cochon, qui a lieu au Québec, les participants doivent **ESSAYER D'ATTRAPER** un **COCHON COUVERT DE GRAISSE.**

ATTRAPE-MOI SI TU PEUX!

u Canada est celui du **maykoskwaskwaypinwanik,** « Là où on pêche la truite sauvage à la ligne. »

Des scientifiques du Canada cultivent des **TOMATES VIOLETTES** avec lesquelles, disent-ils, on pourrait fabriquer **DU KETCHUP** ET DE LA **SAUCE À PIZZA** meilleurs pour la santé.

Il faut **151 LITRES** d'eau d'érable pour faire environ 4 litres de **SIROP D'ÉRABLE.**

L'Alberta serait la **capitale mondiale de la grêle.** Dans certaines régions de la province, il y a plus de **40 tempêtes de grêle chaque été.**

Les écureuils volants **PEUVENT FAIRE UN TÊTE-À-QUEUE** en plein vol.

En Alberta, des vents chauds (les chinooks, aussi appelés **MANGEURS DE NEIGE**) ont déjà fait augmenter la température de **41 °C** en **UNE SEULE JOURNÉE.**

Au Québec, on trouve un lac au **MENTON,** un lac de la **TÊTE,** un lac du **COUDE,** et aussi une île du **GROS ORTEIL.**

Le Canada a déjà délivré des passeports au **PÈRE NOËL** et à la **MÈRE NOËL.**

Pendant les courses de tondeuses à gazon, les conducteurs peuvent atteindre 50 kilomètres à l'heure.

53

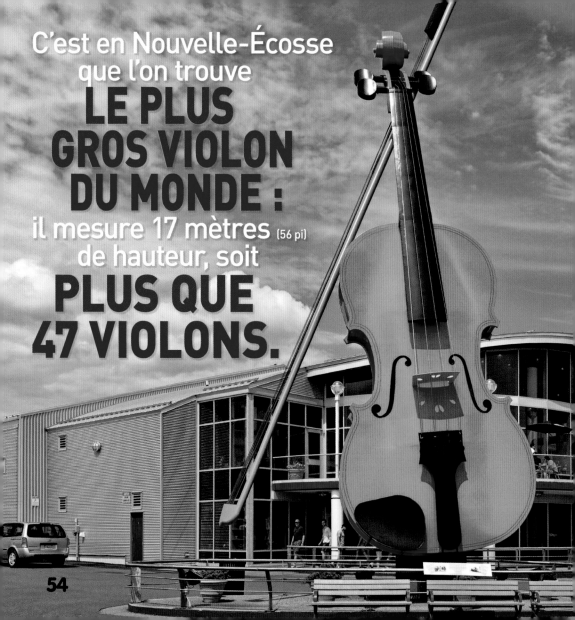

C'est en Nouvelle-Écosse
que l'on trouve
**LE PLUS
GROS VIOLON
DU MONDE :**
il mesure 17 mètres (56 pi)
de hauteur, soit
**PLUS QUE
47 VIOLONS.**

LA PIZZA AUX SUSHIS

est un plat populaire à Toronto.

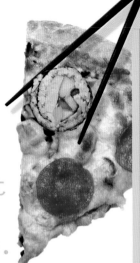

À Windsor, en Ontario, les fenêtres vibrent en raison d'un **bourdonnement sourd** dont personne ne connaît **l'origine.**

DANS UNE COURSE SUR UNE PLAGE BOUEUSE ET ENVAHIE PAR LES CRABES DE LA **BAIE DE FUNDY,** EN NOUVELLE-ÉCOSSE, LES CONCURRENTS RIVALISENT ENTRE EUX ET AVEC **LA MARÉE MONTANTE LA PLUS RAPIDE DU MONDE.**

Une entreprise de Toronto a inventé un **ŒUF-JOUET** qu'il faut caresser et câliner pendant une demi-heure pour en faire **ÉCLORE UN PETIT ANIMAL.**

Une station-service de l'île de Vancouver a pour enseigne le **nain de jardin** le plus grand au monde, presque entièrement fabriqué de **déchets.**

WORLD FAMOUS GNOME
NANOOSE BAY ESSO

57

En 2016, l'homme qui a remporté le **CHAMPIONNAT MONDIAL DES MANGEURS DE POUTINE,** à Toronto, en a englouti 11,6 kilogrammes.

(25,5 lb)

58

Au Québec, « POUTINE » veut aussi dire « FOUILLIS » OU « GÂCHIS ».

Le FROMAGE EN GRAINS fait un drôle de COUINEMENT sous la dent.

59

La Saskatchewan est la seule province canadienne qui n'a pas adopté l'heure avancée.

LE CRAPAUD DU CANADA est reconnaissable à la **PROTUBÉRANCE** qu'il a entre les yeux.

60

Quand un **carcajou** marche sur la neige, ses **orteils s'écartent** tellement qu'on dirait qu'il a des **raquettes.**

IL Y A PLUS DE **beigneries** par **personne** AU CANADA QUE DANS N'IMPORTE QUEL AUTRE **pays.**

SELON LA TRADITION DU PARLEMENT, LE PREMIER MINISTRE DOIT « TRAÎNER » LE NOUVEAU PRÉSIDENT DE LA CHAMBRE DES COMMUNES JUSQU'À SON FAUTEUIL.

C'est l'Ontario qui détient le record du **plus grand nombre d'anges faits dans la neige** en même temps : **15 851!**

Le **TIPI**
le plus haut du monde a été
construit pour les
Jeux olympiques de Calgary,
en 1988. Il est aussi grand
qu'un édifice de
20 ÉTAGES.

Une compagnie canadienne a déjà proposé des croustilles à saveur de *pierogi au bacon* et à *l'oignon.*

Deux amis montréalais sont devenus **millionnaires** en créant, à partir de **6 000 faits,** le jeu **Quelques arpents de pièges,** l'un des jeux de société les plus populaires au monde.

65

En Alberta, cueillir des **MÛRES** après le 11 octobre **PORTE MALHEUR.**

Certains amateurs de hockey ont déjà lancé des **gaufres congelées** sur la glace pendant des matchs des **MAPLE LEAFS DE TORONTO.**

Un hôtel du parc national du Canada Banff serait

HANTÉ PAR UN ANCIEN EMPLOYÉ

qui ouvre les portes d'ascenseur à des étages où personne ne l'a demandé.

Les ours esprits,

qui vivent en Colombie-Britannique, sont des ours noirs qui sont nés avec une fourrure blanche.

Le premier ministre **Justin Trudeau** a déjà été entraîneur de saut en bungee.

C'EST UNE CONFISERIE CANADIENNE QUI A ÉTÉ LA PREMIÈRE À PRÉSENTER SES CHOCOLATS DANS UNE BOÎTE EN FORME DE CŒUR.

LES CORNES DU MOUFLON MÂLE

peuvent peser jusqu'à 13 kg (30 lb).
C'est plus que le
poids combiné de

TOUS LES OS DE SON CORPS.

Des archéologues ont découvert, sur les côtes de la Colombie-Britannique, ce qui pourrait être **les plus vieilles empreintes de pas** de l'Amérique du Nord. Elles auraient été laissées **il y a environ 13 000 ans.**

SALUT, BEAUTÉ!

Les épaulards peuvent **se reconnaître** *dans un miroir.*

En 2016, le Canada a produit environ **73 millions de kilogrammes** (160 millions de lb) de **sirop d'érable.** C'est plus lourd que **10 tours Eiffel.**

DOUZE PERSONNES peuvent se tenir dans la gueule de la plus grande **STATUE DE DINOSAURE** du monde, en Alberta.

ÇA, C'EST BIZARRE!

La ville de Mahone Bay, en Nouvelle-Écosse, comprend **365 îles.**

Pendant les tournois de CURLING canadiens, LES SEULS BALAIS que les joueurs peuvent utiliser pour FACILITER L'AVANCÉE DE LA PIERRE doivent être faits de FIBRES DE NYLON jaune moutarde.

À Vancouver, il y a une statue d'un **épaulard** en train de sauter qui semble être faite de petits blocs de construction.

Le numéro de téléphone officiel pour obtenir des renseignements sur le Canada est

1-800-O-CANADA.

Gastown, un quartier de Vancouver, a été nommé en l'honneur d'un certain **« Gassy Jack »**, qui y a ouvert le premier bar en 1867.

Le tiers des frites consommées dans le monde proviennent **d'une seule** entreprise alimentaire **canadienne.**

L'air des montagnes Rocheuses est SI PUR qu'une compagnie canadienne LE MET EN BOUTEILLE ET LE VEND.

UN NÉO-ÉCOSSAIS A BATTU UN RECORD

EN JONGLANT AVEC

TROIS SCIES MÉCANIQUES EN MARCHE; IL LES A ATTRAPÉES

94 FOIS EN 37 SECONDES SEULEMENT.

N'ESSAIE PAS ÇA À LA MAISON!

Le serpent à sonnette du Pacifique peut passer **UNE ANNÉE ENTIÈRE** sans **MANGER.**

La plus vieille roche du monde, découverte dans la baie d'Hudson, a

QUATRE MILLIARDS D'ANNÉES; elle est presque aussi vieille que la Terre.

80

UN HOMME A DÉJÀ
TRAVERSÉ LE CANADA
EN MACHINE
ZAMBONI.

La glace du lac Abraham, en Alberta, emprisonne des **BULLES DE MÉTHANE** qui peuvent produire **DE VRAIES FLAMMES** si on les libère et qu'on y met le feu.

À Vegreville, en Alberta,
une girouette géante en forme
d'œuf de Pâques de style
ukrainien mesure

TROIS ÉTAGES ET DEMI.

LES MURS DE CALCAIRE **DU PALAIS** LÉGISLATIF DU MANITOBA CONTIENNENT DES FOSSILES D'INVERTÉBRÉS VIEUX DE

500

MILLIONS D'ANNÉES.

Le nom de l'équipe qui a gagné le championnat de la LNH en 1962-1963 est mal écrit sur la Coupe Stanley. On lit :

« **Toronto Maple Leeafs** ».

La ville de **Saint-Louis-du-Ha! Ha!,** au Québec, est la seule ville au monde à avoir dans son nom **deux points d'exclamation.**

Les Canadiens MANGENT EN MOYENNE plus de 12 kilogrammes (26 lb) de fromage par année.

85

Les **VOILIERS SUR GLACE** sont montés sur des patins et glissent sur les lacs gelés à une vitesse pouvant atteindre **160 KILOMÈTRES À L'HEURE.**

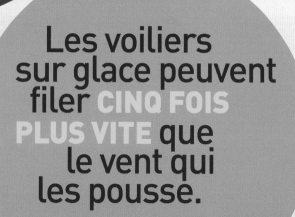

Les voiliers sur glace peuvent filer **CINQ FOIS PLUS VITE** que le vent qui les pousse.

LA PLUS GRANDE CANETTE DE COCA-COLA DU MONDE est peinte sur un réservoir d'eau de la ville de Portage la Prairie, au Manitoba.

La maison du trombone rouge

de Kipling, en Saskatchewan, tient son nom du fait que son propriétaire l'a obtenue à la suite d'une série de 14 échanges de biens de valeur progressive, qui a commencé avec un trombone rouge.

IL EST ILLÉGAL de faire peur ou de jouer un tour à **LA REINE D'ANGLETERRE.**

LES BAIES D'AMÉLANCHIER, *aussi appelées amélanches, ressemblent à des bleuets, mais elles appartiennent plutôt à la famille des* **POMMES.**

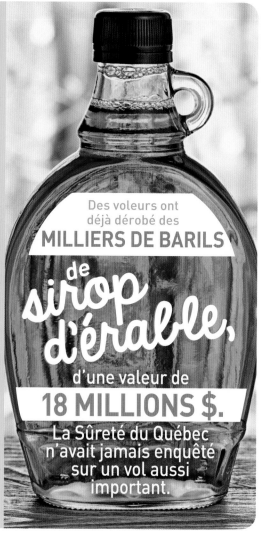

Des voleurs ont déjà dérobé des **MILLIERS DE BARILS** de *sirop d'érable,* d'une valeur de **18 MILLIONS $.** La Sûreté du Québec n'avait jamais enquêté sur un vol aussi important.

La première pièce de **un million de dollars** au monde a été frappée au Canada. Elle est faite en **OR MASSIF.**

Un musée d'Ottawa a déjà organisé un concours de popularité entre certains de ses fossiles appelé **DINO ACADÉMIE.**

La reproduction grandeur nature d'une pieuvre d'une taille spectaculaire, pêchée en 1878, monte la garde devant Glovers Harbour, à Terre-Neuve. Elle mesure **16,7 mètres** (55 pi) **de long!**

Lorsque **les habitants des Territoires du Nord-Ouest** ont voté, en 1996, pour doter leur territoire d'un nouveau nom, « **BOB** » est arrivé deuxième.

En raison d'une erreur de cartographie survenue en 1793, une partie de l'État américain du Minnesota se trouve en fait **AU CANADA.**

Une salle d'opéra a été bâtie sur la frontière entre les États-Unis et le Canada. La scène est au Canada, mais la plupart des sièges sont aux États-Unis.

Le **poisson-chandelle** contient tellement d'huile qu'autrefois il servait réellement de **chandelle.**

LA TOUR DE L'HORLOGE D'HALIFAX a été construite par un commandant militaire britannique qui voulait s'assurer que ses soldats ne seraient JAMAIS EN RETARD.

Surnommé « la mer Morte du Canada », le LAC PETIT-MANITOU, en Saskatchewan, est CINQ FOIS PLUS SALÉ que l'océan.

Le **SENTIER** Algonquin-Adirondack, long de **644 KILOMÈTRES**, suivrait la route d'un **ORIGNAL** femelle prénommé **ALICE.**

La **plus grande feuille d'érable** du monde mesure un peu plus de 51 centimètres de largeur. Elle a été découverte en Colombie-Britannique.

LE SPORT ESTIVAL NATIONAL DU CANADA, LA CROSSE, ÉTAIT À L'ORIGINE UN RITUEL DE RENCONTRE ENTRE TRIBUS AUTOCHTONES.

Un robot autostoppeur nommé **HITCHBOT** a parcouru 6 000 kilomètres à travers le Canada en seulement 26 jours, grâce à 19 véhicules.

Un restaurant de Toronto
a déjà préparé un
gâteau à la crème glacée
aussi lourd que
cinq rhinocéros.

Le bacon de dos enrobé de semoule de maïs est appelé **bacon canadien** aux États-Unis.

À cause d'une **ILLUSION D'OPTIQUE,** les automobiles semblent monter toutes seules la **CÔTE MAGNÉTIQUE** de Moncton, au Nouveau-Brunswick.

En algonquin, wapiti veut dire « croupion blanc ».

Le drapeau de Montréal

reflète ses origines autochtone (pin blanc), française (fleur de lys), écossaise (chardon), irlandaise (trèfle) et anglaise (rose).

LES MORSES **COURENT** AUSSI VITE QUE LES **HUMAINS.**

Une reproduction gigantesque d'une **PIÈCE DE CINQ CENTS** de 1951 a été installée sur une colline de Sudbury, en Ontario. Elle est **64 000 FOIS** plus grosse que la pièce réelle.

Les chiens de race Terre-Neuve ont adopté un style de nage proche de la brasse.

La Saskatchewan est le plus grand exportateur de **moutarde** au monde, et les États-Unis consomment la plus grande partie **de sa production.**

Si on supprimait ses lacs, le Canada serait **PLUS PETIT** que les États-Unis.

La **punaise d'eau géante** est tellement grosse qu'elle peut manger des tortues et des serpents.

Mac the Moose

— une statue érigée à Moose Jaw, en Saskatchewan —

S'EST CASSÉ LA MÂCHOIRE EN 2007.
Moose Jaw signifie
« mâchoire d'orignal », en anglais.

La veille de Noël, un groupe militaire canado-américain (le NORAD) utilise **DES SATELLITES, DES RADARS ET DES JETS** pour suivre le traîneau du père Noël pendant son tour du monde.

Le nom « Canada » a été officiellement adopté dans les années 1700; on avait aussi pensé à *Albionora, Efisga* et *Hochelaga.*

Cela fait **PLUS DE 200 ANS** que les gens cherchent un **TRÉSOR ENFOUI** sur l'île aux Chênes, en Nouvelle-Écosse.

LES
LOUTRES
CONSERVENT
UN PEU DE
NOURRITURE
DANS UN REPLI DE
PEAU DE LEURS
AISSELLES.

Stationnement

LA PREMIÈRE
piste d'atterrissage pour
OVNIS
AU MONDE SE TROUVE
EN ALBERTA.

Au Canada, le code postal du **PÔLE NORD** est **HOH OHO.**

La plus imposante statue de **BERNACHE** du monde se trouve à Wawa, en Ontario. Elle est presque aussi haute qu'un **ÉDIFICE DE DEUX ÉTAGES.**

Le sable des plages de l'Île-du-Prince-Édouard EST ROUGE.

Le record du monde
du plus grand nombre de

SAUTS PÉRILLEUX ARRIÈRE en UNICYCLE

sur un

TRAMPOLINE

appartient à un
Vancouvérois. Il en a réussi

10!

C'EST UN BRITANNO-COLOMBIEN QUI A LA BARBE LA PLUS LONGUE DU MONDE : ELLE MESURE PLUS DE 2,4 MÈTRES (8 PI) DE LONG.

LES VIKINGS SE SONT INSTALLÉS
à Terre-Neuve il y a plus de
1 000 ANS...
SOIT 500 ANS ENVIRON AVANT
l'arrivée de Christophe Colomb
en Amérique.

Le plus vieux
**terrain de
baseball**
au monde
se trouve en
Ontario.
On y joue
depuis plus de

140 ans.

Sur une ferme de Hafford, en Saskatchewan, on trouve un bosquet de peupliers faux-trembles qui, selon la croyance populaire, auraient été **TORDUS** par des **EXTRATERRESTRES.**

UNE ENTREPRISE DE TORONTO FABRIQUE DES **BONNETS** ASSORTIS D'UNE **BARBE** QUI GARDE LE VISAGE BIEN AU CHAUD.

Il y a plus de **50 MILLIONS D'ANNÉES**, on trouvait dans **L'ARCTIQUE CANADIEN** des tortues, des alligators, d'énormes oiseaux et des animaux ressemblant à des hippopotames.

Les gens disent que l'Ogopogo, créature mythique qui vivrait dans le lac Okanagan, en Colombie-Britannique, ressemble à un **serpent à tête de cheval** long de 15 mètres (50 pi).

Le Canada est l'un des principaux producteurs et exportateurs de LÉGUMINEUSES au monde.

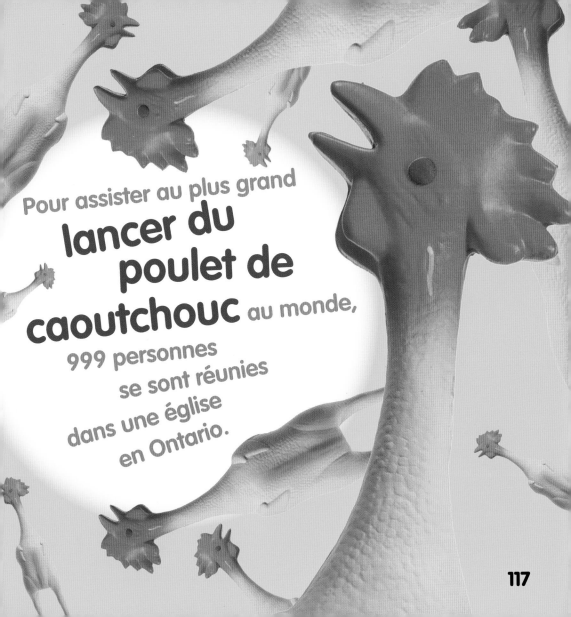

Pour assister au plus grand **lancer du poulet de caoutchouc** au monde, 999 personnes se sont réunies dans une église en Ontario.

L'hiver, au Canada, il peut FAIRE PLUS FROID que sur la surface de la planète Mars.

Le plus petit bonhomme de neige du monde a été fabriqué par des scientifiques de l'Ontario avec des matériaux

50 fois plus fins

qu'un cheveu humain.

Le labyrinthe de Noël de Vancouver est illuminé par plus de

85 000 AMPOULES DEL.

LES YEUX DES LOUPS BRILLENT DANS LE NOIR.

En Colombie-Britannique, on trouve des **montagnes russes à rail unique** où il n'y a qu'un passager par wagon. Leur vitesse peut atteindre **42 kilomètres à l'heure.**

On peut faire du **SURF INTÉRIEUR** dans un restaurant du Québec.

En Alberta,
il est permis d'avoir un
kangourou
comme **animal de**
compagnie.

Une équipe de 10 personnes a déjà **ouvert 8 800 huîtres** en une heure seulement (c'est 146 huîtres à la minute) pendant un concours organisé à l'Île-du-Prince-Édouard.

Le plus grand barrage de castors au monde, qui se trouve en Alberta, est **visible de l'espace.**

Au **MUSÉE CANADIEN** DU TRACTEUR, en Alberta, on peut voir plus de 100 tracteurs anciens, dont un est juché à 15 mètres (50 pi) de hauteur sur une **GIROUETTE** qui fonctionne!

En Alberta, une partie de soccer intérieur a duré
30 heures et 10 minutes.

Au centre-ville de Calgary, en Alberta, 18 kilomètres de **TROTTOIRS SURÉLEVÉS COUVERTS** relient entre eux plus d'une centaine d'édifices. Les piétons n'ont pas à **MARCHER DANS LA NEIGE.**

Des scientifiques ont créé le **canola** à partir d'une plante de la même famille que le brocoli, le chou et la moutarde.

Une tulipe « feuille d'érable », aux **pétales blancs accentués de rouge,** a été créée pour le 150e anniversaire du Canada.

En 1855, à Toronto, des **POMPIERS** ont affronté des **CLOWNS** pendant une **émeute.**

THE CANADIAN POTATO MUSEUM
"HOME OF WORLD FAMOUS PRINCE EDWARD ISLAND POTATOES"

LA PLUS GROSSE SCULPTURE DE PATATE du monde se trouve devant le Musée de la pomme de terre de l'Île-du-Prince-Édouard.

On peut y manger des **BONBONS AUX PATATES,** une friandise à base de patates pilées.

Un Canadien possède **plus de 25 000 ornements à l'effigie du père Noël;** c'est la plus importante collection du monde.

BAS LES PATTES!

La bernache du Canada a de **minuscules dents** tout autour du bec et des **barbillons** sur les côtés de la langue.

130

131

« SPOTTED LAKE » EST LE NOM DE CE LAC **TACHETÉ** DE LA COLOMBIE-BRITANNIQUE.

Chaque jour, plus de 200 000 personnes sillonnent les couloirs souterrains de Toronto, où se trouve **LE PLUS GRAND CENTRE COMMERCIAL SOUTERRAIN DU MONDE.**

Après la Deuxième Guerre mondiale, des ingénieurs canadiens ont construit le prototype d'une **NOUVELLE ARME SECRÈTE** pour les forces aériennes des États-Unis : *UNE SOUCOUPE VOLANTE.*

Le **basketball** a été inventé au Massachusetts, aux États-Unis, par un Ontarien.

Ce sport s'inspire d'un ancien jeu qui consistait à déloger **une grosse pierre** posée sur un rocher en y lançant des cailloux.

135

Le centre de tourisme de la ville de Vulcan, en Alberta, a la forme d'un *vaisseau spatial.* La ville est surnommée la *« capitale canadienne de Star Trek ».*

ALEXANDER GRAHAM BELL A FAIT LE PREMIER APPEL INTERURBAIN DE L'HISTOIRE À PARTIR DE L'ONTARIO.

Pendant le Stampede de Calgary, les spectateurs mangent plus de 200 000 CRÊPES.

Pour remporter le **Championnat nord-américain de porter d'épouse,** un **couple** doit franchir le premier une distance de **254 mètres.**

À Morden, au Manitoba, on peut admirer une réplique longue de 13 mètres (42 pi) d'un **MOSASAURE,**

L'arôme de vanille est fabriqué à partir d'une sécrétion provenant du derrière du castor.

aussi appelé « TYRANNOSAURE DES MERS ».

Son petit nom est **Bruce.**

Des scientifiques ont découvert, dans une petite ville de l'Alberta, un repas vieux de **1 600 ans** oublié dans un four.

À l'origine, la **tourtière,** un plat québécois, était faite avec des **tourtes voyageuses,** une espèce d'oiseau aujourd'hui éteinte.

Dans un restaurant de Montréal, les clients mangent dans **LE NOIR TOTAL.**

Certains **macareux** peuvent tenir dans leur bec plus de **60** poissons.

Le Camp X, en Ontario, a été la **première école d'agents secrets** en Amérique du Nord.

Le personnage de **James Bond** est en partie inspiré d'un **véritable espion** de Winnipeg, au Manitoba, appelé **Sir William Stephenson.**

Environ 75 000 couleuvres rayées hibernent dans des grottes souterraines du Manitoba chaque hiver.

À Glendon, en Alberta, tu peux voir un **énorme pieróg** (sorte de ravioli ukrainien) planté sur une fourchette. C'est la plus grosse sculpture du genre **au monde.**

Si par erreur on ajoutait un

U

après le *q* du mot « Iqaluit », nom de la capitale du Nunavut, on en changerait la signification de

« POISSONS ABONDANTS »

à

« GENS AUX FESSES SALES ».

Le Kin-Ball,

un sport inventé
au Canada, ressemble
au volleyball,

sauf que le ballon est **gros** comme un **réfrigérateur** et que trois équipes s'affrontent sur le terrain.

La combinaison anti-G, inventée au Canada, est remplie de petits

COMPARTIMENTS AUTOGONFLANTS.

Les pilotes d'avion la revêtent pour éviter que le sang s'accumule dans leurs jambes lorsqu'ils font des virages à toute vitesse, car cela pourrait leur faire

PERDRE CONNAISSANCE.

La première personne qui a *traversé à la nage* les 22 kilomètres séparant *Vancouver de l'île Bowen* a ôté son maillot de bain et parcouru la distance le corps recouvert *uniquement de graisse.*

Le célèbre
HÔTEL DE GLACE
de Québec nécessite
453 TONNES DE GLACE
et plus de
272 000 TONNES DE NEIGE.

LES PARTICIPANTS À UN
CoNCoURs DE CHEVEUX GELÉS
ORGANISÉ DANS UNE SOURCE THERMALE DU YUKON

DONNENT À LEUR CHEVELURE UNE **FORME LOUFOQUE** À UNE TEMPÉRATURE DE -30 °C.

Quand un aigle **perd une plume** sur l'aile droite,

il perd exactement **la même plume** sur l'aile gauche.

150

En 1860, un Ontarien a traversé la chute du Fer à cheval (section canadienne des chutes Niagara) sur une corde raide, AVEC UNE MACHINE À LAVER SUR LE DOS.

La première MOTONEIGE s'appelait la B7 : B pour BOMBARDIER, nom de l'inventeur, et 7 parce qu'elle pouvait accueillir SEPT PASSAGERS.

Au centre commercial West Edmonton Mall, en Alberta, tu trouveras **LE PLUS GRAND LAC INTÉRIEUR** et **LES PLUS LONGUES MONTAGNES RUSSES INTÉRIEURES** au monde.

Ce centre commercial est SI GRAND qu'il faut 72 HEURES pour faire le tour des magasins.

Au Gopher Hole Museum, en Alberta, tu peux voir de petits rongeurs empaillés en train de pêcher, de se faire coiffer ou de jouer aux cartes.

153

AVANT DE CHOISIR LA **FEUILLE D'ÉRABLE,** LE CANADA AVAIT ENVISAGÉ D'ORNER SON DRAPEAU D'UN **CASTOR.**

L'hymne national a vu le jour en 1880, **en français seulement.** Il a fallu attendre 20 ans pour entendre la version anglaise du **« Ô Canada ».**

Une librairie de Toronto s'est dotée d'une **DISTRIBUTRICE** qui propose de vieux livres de manière aléatoire.

Il est
interdit de
*PEINDRE
UNE ÉCHELLE
DE BOIS*
en Alberta.

Dans l'Arctique canadien,
des mineurs ont découvert le
DIAMANT FOXFIRE,
un diamant géant de 187,63 carats
de la taille d'une balle de golf,
qu'ils ont failli jeter par mégarde.
Ce diamant émet une
FLUORESCENCE
BLEUE DANS LE
NOIR.

Un **ROBOT** canadien appelé Dextre est chargé de réparer la **STATION SPATIALE INTERNATIONALE.**

C'est un chimiste canadien qui a inventé **L'ENCRE VERTE** qui sert à imprimer **LES BILLETS DE BANQUE AMÉRICAINS.** Il est **IMPOSSIBLE** de la **COPIER** ou de **L'EFFACER.**

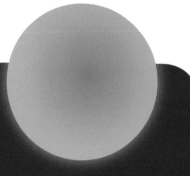

En 1950, le Soleil **A SEMBLÉ BLEU** à cause d'immenses feux de forêt qui ont empli de fumée le ciel de la Colombie-Britannique et de l'Alberta.

IL EXISTE UNE PRISON POUR LES OURS POLAIRES À CHURCHILL, AU MANITOBA.

Le Québec possède une « **POLICE DE LA LANGUE** », qui s'assure que les enseignes sont écrites **EN BON FRANÇAIS.**

Vancouver est surnommée

« HOLLYWOOD DU NORD »

parce qu'on y tourne de très nombreux films,

même quand l'histoire se déroule aux États-Unis.

LES AUTOCHTONES DU CANADA PRÉPARAIENT AUTREFOIS, POUR LEURS REPAS, DU RÔTI D'OURS POLAIRE, DE LA MARMOTTE FRITE ET DU BOUILLI DE SABOTS DE CARIBOU.

Le village de Plaster Rock, au Nouveau-Brunswick, abrite la plus grande sculpture de

crosses de fougère au monde, mesurant sept mètres (24 pi) de haut.

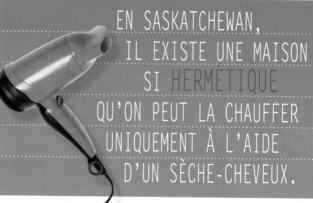

EN SASKATCHEWAN, IL EXISTE UNE MAISON SI HERMÉTIQUE QU'ON PEUT LA CHAUFFER UNIQUEMENT À L'AIDE D'UN SÈCHE-CHEVEUX.

La PLUS BASSE TEMPÉRATURE en Amérique du Nord, -63 °C (-81 °F), a été enregistrée à Snag, un petit village du YUKON.

Le **PLUS HAUT TOTEM DU MONDE** se trouve à Alert Bay, en Colombie-Britannique.

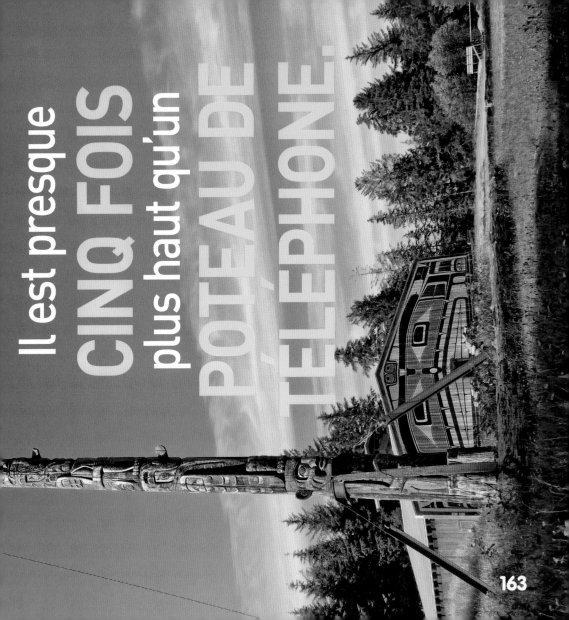

Il est presque **CINQ FOIS** plus haut qu'un **POTEAU DE TÉLÉPHONE.**

En Alberta, on a construit un **viaduc** réservé aux **grizzlis** au-dessus de l'autoroute qui traverse le parc national Banff.

On appelle parfois les bélugas les « canaris des mers ».

Dans le
« spa froid »
de la Colombie-Britannique, on peut relaxer à des températures de -110 °C, mais pas plus de trois minutes à la fois.

La première **Action de grâces** en Amérique du Nord a été célébrée **le 27 mai 1578 à Terre-Neuve,** et il y avait au menu du bœuf salé, des biscuits et des pois.

En 1906, des explorateurs ont affirmé avoir découvert, près du pôle Nord, **un nouveau continent flottant** qu'ils ont appelé Crocker Land, *mais ce continent n'a plus jamais été revu.*

Le Nunavut et certaines parties de l'Ontario, du Manitoba et du Québec s'appelaient autrefois **Terre de Rupert**, du nom du neveu du roi d'Angleterre.

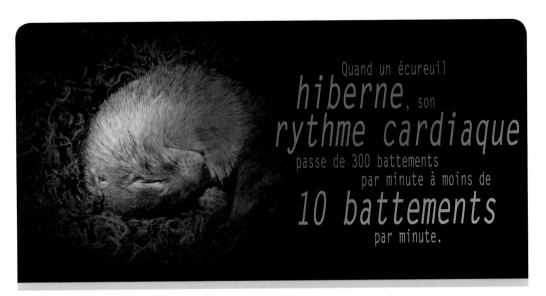

Quand un écureuil *hiberne*, son *rythme cardiaque* passe de 300 battements par minute à moins de *10 battements* par minute.

LA FRONTIÈRE ENTRE LE CANADA ET LES ÉTATS-UNIS EST

LA PLUS LONGUE FRONTIÈRE

INTERNATIONALE DU MONDE.

Il est illégal de s'afficher en public avec un serpent à Fredericton, au Nouveau-Brunswick.

Chaque semaine, **35%** de la musique diffusée à la radio doit être composée par des **ARTISTES CANADIENS.**

On compte à peu près **UN OURS POUR DEUX PERSONNES** dans le territoire du Yukon.

Les chauffeurs de taxi d'Halifax, en Nouvelle-Écosse, **NE SONT PAS AUTORISÉS À PORTER UN TEE-SHIRT.**

Il a fallu **100 ANS** pour **DÉCODER** l'inscription ressemblant à des mots croisés sur une pierre tombale en Ontario.

Tous les pommiers McIntosh du monde ont un ancêtre commun : un arbre découvert en Ontario en 1811.

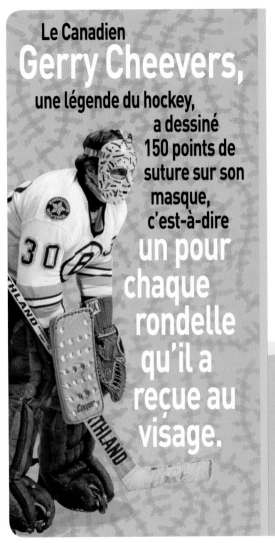

Le Canadien **Gerry Cheevers,** une légende du hockey, a dessiné 150 points de suture sur son masque, c'est-à-dire **un pour chaque rondelle qu'il a reçue au visage.**

Les **plus hautes marées** du monde ont lieu dans la **baie de Fundy,** en Nouvelle-Écosse.

Les marées sont parfois aussi hautes qu'un **édifice de cinq étages.**

En Colombie-Britannique,
il est interdit de chasser du gibier
**(y compris le
légendaire Sasquatch)**
sans permis.

Le **Canada**
partage une
frontière maritime
avec la **France**
et une autre avec
le **Danemark.**

LA MARINE ROYALE
CANADIENNE UTILISE DES
TRAPPES À OURS
POUR EMPÊCHER QUE LES
HÉLICOPTÈRES NE GLISSENT
ET NE TOMBENT DU PONT
DES NAVIRES.

Dans la ville de Souris, à l'Île-du-Prince-Édouard, il est interdit de **FAIRE UN BONHOMME DE NEIGE** de plus de **75 CENTIMÈTRES** (30 po) sur un terrain situé au coin d'une rue.

173

JAKE, UN CHAT TIGRÉ QUI VIT EN ONTARIO, A **28 DOIGTS :** C'EST PLUS QUE N'IMPORTE QUEL AUTRE CHAT DANS LE MONDE.

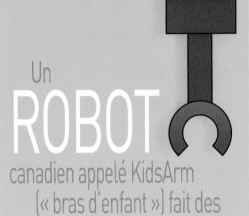

Un
ROBOT
canadien appelé KidsArm
(« bras d'enfant ») fait des
OPÉRATIONS CHIRURGICALES
10 FOIS
PLUS VITE
qu'un être humain.

Dans une grande partie du nord du Canada, la gravité est plus faible qu'ailleurs sur la planète.

Une entreprise fabrique du papier à partir de bouses d'orignal et d'aiguilles de pin.

M. CANOEHEAD

(« l'homme à la tête de canot »)

est un superhéros canadien qui pourchasse les criminels. Il a un **CANOT DE MÉTAL VISSÉ** sur la tête.

Dans un **centre de yoga** en Colombie-Britannique, on peut suivre un cours en compagnie de **petits lapins en liberté.**

LES RATS DE COMPAGNIE
sont interdits en Alberta.

UNE EXPLOITATION AGRICOLE DE L'ONTARIO ÉLÈVE DES **GRILLONS DESTINÉS À L'ALIMENTATION HUMAINE.** ELLE ABRITE JUSQU'À **100 MILLIONS DE GRILLONS** À LA FOIS.

178

LES GRILLONS VIVENT **EN LIBERTÉ** DANS DES « **CONDOS À GRILLONS** » CONÇUS SPÉCIALEMENT POUR EUX ET QUI REPRODUISENT LEUR HABITAT NATUREL.

Lors d'un **festival de trappeurs du Manitoba,** des prix sont remis pour **LA BARBE LA PLUS COLORÉE,** les jambes les plus poilues et **LE CRÂNE LE PLUS LUISANT.**

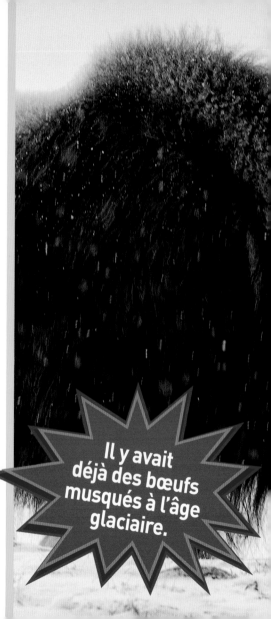

Il y avait déjà des bœufs musqués à l'âge glaciaire.

180

Quand ils s'affrontent, **les bœufs musqués** s'élancent l'un vers l'autre tête première. L'impact est aussi puissant que celui d'une collision entre deux voitures roulant à **27 kilomètres à l'heure.**

181

Le criquet **entend** grâce à de minuscules organes situés **sur ses genoux.**

C'est pour une foire de Vancouver qu'on a créé le **« CORNICHIEN » :** une saucisse glissée à l'intérieur d'un cornichon évidé, le tout frit dans une pâte de maïs.

Les yeux
des rennes
deviennent
bleus en
hiver.

Les journaux

ÉTAIENT IMPRIMÉS SUR **DU PAPIER FABRIQUÉ À PARTIR DE VIEUX VÊTEMENTS** JUSQU'À CE QU'UN POÈTE CANADIEN TROUVE UNE FAÇON DE FABRIQUER DU PAPIER À PARTIR DE PULPE DE BOIS.

Le **coussin péteur** moderne a été inventé au Canada.

Le chien inuit canadien, aussi appelé qimmiq, a été le **premier chien domestiqué** en Amérique du Nord.

PEUVENT IMITER...

LA VOIX HUMAINE.

Il est **INTERDIT DE GRIMPER AUX ARBRES** à Oshawa, en Ontario.

Le nom du Canada

A ÉTÉ CHOISI EN 1535; L'EXPLORATEUR FRANÇAIS JACQUES CARTIER AVAIT MAL COMPRIS LE MOT IROQUOIS QUI DÉSIGNE UN VILLAGE —

« kanata »

— ET L'A UTILISÉ POUR DÉCRIRE L'ENSEMBLE DU TERRITOIRE.

Il est illégal DE PROPOSER ou *D'ACCEPTER*

UN DUEL.

Un homme a grimpé les **1 899 marches** de la Tour CN de Toronto **en moins d'une heure**, sur une échasse à ressort.

L'ACTRICE CANADIENNE

FLORENCE
LAWRENCE

APPARAÎT
DANS PLUS DE
200 FILMS MUETS;
ON DIT QU'ELLE EST LA
PREMIÈRE STAR
DU CINÉMA.

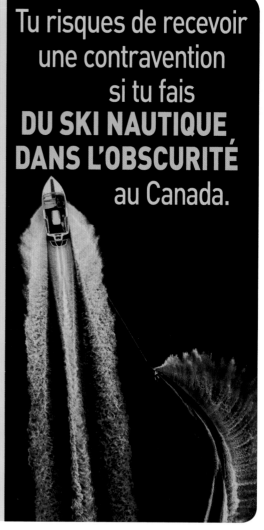

Tu risques de recevoir une contravention si tu fais **DU SKI NAUTIQUE DANS L'OBSCURITÉ** au Canada.

LA PLUS GRANDE île au milieu d'un lac sur une île au milieu d'un lac sur une île *SE TROUVE AU CANADA.*

Une ancienne **PRISON** d'Ottawa a été transformée en auberge et accueille des clients pour la nuit.

Tu peux être un **SORCIER** ou une **SORCIÈRE**, mais la loi t'interdit de **PRÉTENDRE** en être un ou une.

La police a déjà « arrêté » une chèvre

pour vagabondage près d'une

beignerie

en Saskatchewan.

LA PLUS GRANDE HACHE DU MONDE, qui se trouve au Nouveau-Brunswick, renferme une capsule témoin à l'intérieur de sa lame d'acier de **7 MÈTRES** (23 pi).

PENDANT 40 ANS, IL ÉTAIT INTERDIT DE VENDRE DES **CUISINIÈRES** LE MERCREDI, À VANCOUVER.

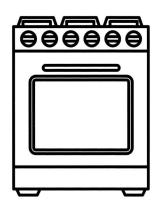

L'HERMINE fait une sorte de « DANSE DE LA GUERRE » pour attirer SA PROIE.

Le cerveau des pics-bois est protégé par un **os spécial** qui fait le tour de leur crâne.

L'ARBRE QUI POUSSE LE PLUS LENTEMENT au monde est un thuya occidental, que l'on trouve près des Grands Lacs. Il n'a poussé que de **10 CENTIMÈTRES** (4 po) en **155 ANS.**

Il y a des gens qui croient que des

FANTÔMES

du *Titanic* hantent un restaurant de fruits de mer d'Halifax, en Nouvelle-Écosse.

Les orignaux consomment **près de 10 000 calories par jour...** c'est comme s'ils mangeaient plus de **300 tasses** de brocoli!

LES OURS POLAIRES ONT UNE FOURRURE BLANCHE, MAIS LEUR PEAU EST NOIRE.

LE FURETEUR

Les illustrations sont indiquées en **caractères gras**.

LE FURETEUR

Catalogage avant publication de Bibliothèque et Archives Canada

Weird but true! Canada. Français
Bizarre mais vrai! Le Canada / texte français du Groupe Syntagme.

(National Geographic kids)
Comprend un index.
Traduction de: Weird but true! Canada.
ISBN 978-1-4431-7457-2 (couverture rigide)

1. Canada--Miscellanées--Ouvrages pour la jeunesse. 2. Canada--
Ouvrages pour la jeunesse. I. Titre. II. Titre: Canada. III. Collection: National Geographic kids

FC58.W4414 2019   j971   C2018-905706-8

Depuis 1888, National Geographic Society a financé plus de 12 000 projets de recherche scientifique, d'exploration et de préservation dans le monde. La société reçoit des fonds de National Geographic Partners, LLC, provenant notamment de votre achat. Une partie des produits de ce livre soutient ce travail essentiel. Pour plus de renseignements, veuillez vous rendre à natgeo.com/info.

NATIONAL GEOGRAPHIC et la bordure jaune sont des marques de commerce de National Geographic Society, utilisées avec autorisation.

Édition publiée par les Éditions Scholastic, 604, rue King Ouest, Toronto (Ontario) M5V 1E1 avec la permission de National Geographic Partners, LLC.

6 5 4 3 2   Imprimé en Chine 38   20 21 22 23 24

Conception graphique de Chad Tomlinson

MIXTE
Papier issu de
sources responsables
FSC® C144853
FSC
www.fsc.org

RÉFÉRENCES PHOTOGRAPHIQUES

SS = Shutterstock; GI = Getty Images; DRMS = Dreamstime;
AL = Alamy Stock Photo

Page couverture : (original), Mark Newman/FLPA/Minden Pictures;
(chapeau), Norman Pogson/AL; (médaillon du Canada), Dani Simmonds/
Hemera/Thinkstock; 2 (original), Mark Newman/FLPA/Minden Pictures;
2 (chapeau), Norman Pogson/AL; (médaillon du Canada), Dani Simmonds/
Hemera/Thinkstock; 4-5, Hu Zhao/AL; 7 (GA), By Fox Design/SS;
7 (DR), Catherine Murray/SS; 8 (GA), VL1/SS; 8 (DR), Merfin/SS; 9, Sukhjit
Verma/DRMS; 10 (GA), Margouillat/DRMS; 10 (DR), Sue Flood/NPL/
Minden Pictures; 11, History Channel/Kobal/REX/SS; 12, Barrett Hedges/
National Geographic Creative; 13 (HA), Songquan Deng/SS; 13 (BA),
anela.k/SS; 14, Joao Nunes de Almeida/SS; 15, Andre et Anita Gilden/
Age Fotostock/GI; 16 (HA), Mariemily Photos/SS; 16 (BA), GRSI/SS; 17
(chapeau), Mega Pixel/SS; 17 (chiot), Michael Pettigrew/DRMS;
18-19, gracieuseté de Banff Sunshine Village; 21, Bibliothèque et Archives
Canada; 22 (HA), Metalstock/SS; 22 (BA), Nomadsoul1/DRMS; 23 (HA),
Olga Lebedeva/SS; 23 (BA), David Carillet/SS; 24 (GA), Boarding1now/
DRMS; 24 (DR), Dennis W Donohue/SS; 25, pitagchai/SS; 26, Mike
Grandmaison/All Canada Photos/GI; 27 (GA), pixarama/SS; 27 (DR),
Picsfive/SS; 28, Rawpixel.com/SS; 30 (HA), David Gowans/AL; 30 (BA),
clubfoto/GI; 31 (coupe Stanley), Rocco Macri/123RF; 31 (crème glacée),
M. Unal Ozmen/SS; 31 (cuillère à crème glacée), homydesign/SS; 31
(DR), Tatiana Popova/SS; 32-33, TRphotos/SS; 33 (DR), ODM/SS; 34 (GA),
Melica/DRMS; 34 (DR), Kamil Martinovsky/SS; 35, Andreanita/DRMS;
36, Tracey Taylor/DRMS; 37, Anna Kucherova/SS; 38, MikeLane45/GI;
39, Reuters/AL; 40 (Terre), Reid Wiseman/NASA; 40 (bagels), Cretolamna/
DRMS; 40 (BA), Denis Scott/Corbis/GI; 41, Linda Drake/Barcroft USA/GI;
42, Reuters/AL; 43 (HA), Tobik/SS; 43 (BA), Bardocz Peter/SS; 44-45, Vidya
Subramanian/Hindustan Times/GI; 46 (HA), Handout/KDR/Newscom;
46 (BA), Matt Roberts/Stringer/GI; 47 (GA), All Canada Photos/AL;
47 (DR), Lisa Charbonneau/SS; 48 (GA), Iofoto/DRMS; 48 (DR), Bettmann/
GI; 49, Isselee/DRMS; 50 (GA), shipfactory/SS; 50 (DR), Benoit Daoust/
SS; 51, Philip Dalton/AL; 53, Tony Tremblay/GI; 54, Paul McKinnon/SS;
55 (médaillons), Silver Spiral Arts/SS; 55, Danny E Hooks/SS; 56 (GA),
Hatchimals, Spin Master; 56 (DR), Gunter Marx/AL; 57, Kris Wiktor/SS;
58-59, Brent Hofacker/SS; 60, Wayne Lynch/All Canada Photos/GI;
61, AYImages/GI; 62, Trevor Pearson/FoodPix/GI; 63, Michael Krinke/
GI; 64, Ken Gillespie/Design Pics/GI; 65 (HA), Ysami/SS; 65 (BA GA),
uiliaaa/SS; 65 (BA DR), SamJonah/SS; 66 (HA), ollinka/SS; 66 (BA), Binh
Thanh Bui/SS; 67, Stas Moroz/SS; 68-69, NaturesMomentsuk/SS; 70,
Robert Daly/GI; 71, Lorraine Logan/SS; 72 (GA), Photobac/SS; 72 (DR),
Mandimiles/DRMS; 73, RedlineVector/SS; 74-75, GeoStock/GI; 76, Ron
Garnett/All Canada Photos/GI; 77 (HA GA), Vaughn Ridley/GI; 77 (BA GA),
Studio-Neosiam/SS; 77 (DR), Chase Clausen/SS; 78, Hannamariah/SS;
79 (HA), Lisovskaya Natalia/SS; 80 (GA), yevgeniy11/SS; 80 (DR), James
Christensen/Minden Pictures; 81, Bardocz Peter/SS; 81 (médaillon),
andybrannan/GIa; 82-83, CNaene/GI; 83 (DR), Michael Wheatley/All
Canada Photos/GI; 84 (BA), PavloArt Studio/SS; 84 (HA), Jerry Coli/DRMS;
85, kiv_ph/SS; 86-87, Jonutis/SS; 88, Gunter Marx/MN/AL; 89 (GA), Troy
Fleece/Canadian Press Images; 89 (DR), 07_av/GI; 90 (GA), PStarover
Sibiriak/SS; 90 (DR), EasyBuy4u/GI; 91 (HA), George Kroll/DRMS;
91 (BA), Marques/SS; 92-93, Daryl Benson/Masterfile; 94 (HA),
procurator/GI; 94 (BA), miniature/GI; 95 (HA), DESIGN PICS INC./National
Geographic Creative; 95 (BA), AlenKadr/SS; 96 (GA), Dan Breckwoldt/
SS; 96 (HA DR), Sharpshot/DRMS; 96 (BA DR), Photodisc; 97, Reuters/
AL; 98 (GA), Hein Teh/DRMS; 98 (CTR), Ilin Sergey/SS; 98 (DR), Andy Dean
Photography/SS; 99, welcomia/SS; 100, Aleksei Verhovski/SS; 101, Aqnus
Febriyant/DRMS; 102, Bryan Neuswanger/SS; 103 (HA), Feng Yu/DRMS;
103 (BA), panda3800/SS; 104, Mark Taylor/Canadian Press Images; 105
(BA), Fer Gregory/SS; 106-107, Frank Hildebrand/GI; 109 (GA), ducu59us/
SS; 109 (DR), Rolf Hicker Photography/GI; 110-111, David P. Lewis/SS;
112, Reuters/AL; 113 (HA), Sable Vector/SS; 113 (BA), Luke Durda/AL;
114-115, Design Pics Inc/AL; 115 (DR), gracieuseté de Beardo.com; 116
(HA), Jak Wonderly/NGP; 116 (BA), Andrii Gorulko/SS; 117, photosync/SS;
118 (HA), 31moonlight31/SS; 118 (BA), Smit/SS; 118-119, David Carey/
DRMS; 120-121, Holly Kuchera/SS; 122 (GA), Timothy Yue/SS;
122-123, Yann Roy/Oasis Surf; 124, Volodymyr Byrdyak/DRMS; 125 (HA),
Andrew Twort/AL; 125 (BA), Ronnie Howard/SS; 126, Musée canadien
du tracteur; 127 (HA), topseller/SS; 127 (BA), Jeff Whyte/SS; 128 (GA),
hidesy/GI; 128 (DR), Meisterdragon/SS; 129, gracieuseté du Musée de la
pomme de terre; 130 (HA), Benoit Aquin/Polaris; 130 (BA), Andyworks/
GI; 132, Gunter Marx/OK/AL; 133 (HA), fotoVoyager/GI; 133 (BA), U.S. Air
Force photo; 133 (CTR), james weston/SS; 134-135 (avant-plan), Skypixel/
DRMS; 134-135 (arrière-plan), Kittichai/SS; 136, kimber/AL;
137 (DR), Christi Tolbert/SS; 138 (HA), Derek Davis/Portland Press
Herald/GI; 138-139, Terrance Klassen/AL; 139 (HA), Robert McGouey/GI;
141, Franco Fratini/SS; 142, astudio/SS; 142 (médaillon), FARBAI/SS;
143 (HA), Cindy Creighton/SS; 143 (BA), Irina Kuzmina/SS; 144-145,
Reuters/AL; 147, serkan senturk/SS; 148-149, gracieuseté de Takhini
Hot Pools; 150, Robert Palmer/SS; 151, Niagara Falls (Ontario) Public
Library; 152-153, Brent Beach/AL; 153 (DR), Jeff McIntosh/Canadian
Press Images; 154 (HA), Petrovic Igor/SS; 155 (GA), Asajdler/DRMS;
155 (DR), Michael Nagle/Bloomberg/GI; 156, Alex Gerst/NASA;
157, jansucko/GI; 159, James Steidl/SS; 160 (HA), Kandise Brown/
GI; 160 (BA), terekhov igor/SS; 161, ArTDi101/SS; 162-163, Michael
Wheatley/All Canada Photos/GI; 164, Corbis; 164 (médaillon), Joel
Sartore/National Geographic Creative; 165 (HA), Christopher Meder/GI;
165 (BA GA), MSPhotographic/GI; 165 (BA CTR), ravl/SS; 165 (BA DR),
Robyn Mackenzie/SS; 166, RyersonClark/GI; 166 (médaillon), Library
of Congress; 167 (HA), Ingo Arndt/Minden Pictures; 167 (BA), Aleksey
Stemmer/SS; 169, Helen Brenneman/Mennonite Archives of Ontario;
170, Photodisc; 171, Steve Babineau/Ligue nationale de hockey/GI;
173, Africa Studio/SS; 174, Al Petteway & Amy White/National Geographic
Creative; 175, Noradoa/SS; 176, Mr. Canoehead™ et The Frantics™ sont
des marques déposées de Frantic World Ltd.; 177 (HA GA), Oleksandr
Lytvynenko/SS; 177 (HA DR), Oleg Belov/SS; 177 (BA), Alex Snyder/
NGP; 178-179, Liviu Pazargic/AL; 180 (GA), Pixel 4 Images/SS;
180-181, Roger Wissmann/SS; 182 (HA), Eric Isselee/SS; 182 (BA), Jeff
McIntosh/Canadian Press Images; 183, Ann & Steve Toon/Nature Picture
Library; 184, Brian A. Jackson/SS; 185 (HA), Mega Pixel/SS; 185 (BA),
Prisma by Dukas Presseagentur GmbH/AL; 186-187, Hiroya Minakuchi/
Minden Pictures; 188, vovan/SS; 189, Valentyna Chukhlyebova/SS; 190
(GA), Clarence Bull/MGM/Photofest; 190 (DR), Jacob Lund/SS; 191 (HA),
BUFOTO/SS; 191 (BA), Chamille White/SS; 192-193, Sonsedska Yuliia/SS;
194, Gvictoria/DRMS; 195, Wild ADR/SS; 196 (GA), Brian Lasenby/DRMS;
196 (DR), motorolka/SS; 197 (GA), Michael Rosskothen/SS; 197 (DR),
MEGiordano_Photography/GI; 198-199, dagsjo/GI

Voici d'autres livres de la collection *Bizarre mais vrai!*